JN439760

소백 아리랑

-思母曲 연작시-

박성철 시집

머리말

시를 쓰고 작품집을 내면서, 어머님 생각하며 사모곡을 간간히 쓰다보니 연작시집 한권 분량이 되었다. 앞서 펴낸 시 작품집에 실었던 思母의 시들과 미발표 사모곡들을 한데 묶었다.

어머님은 우리 형제 어린 시절 아버님의 타계로 혈혈단신 고난의 세월은 상상이 불가능하다. 다함 없는 모성애로 보살피며 길러주신 어머님의 자식들 사랑과 희생의 생애를 뒤돌아보며 생각할 때면 솟아나는 은혜와 불효의 회한의 감정들이 눈물 어리지만, 어머님과 함께 살아온 가족의 한 생애가 나에게는 아름답고 즐거운 추억들로 더 많이 기억되고 있다.

불초의 이 글집을 어머님 타계 10주기에 평생의 은혜에 감사하고 어머님 생전의 불효에 회한의 감정을 함께 얹어 삼가 내놓으며 어머님의 천상 영복을 기원하는 뜻으로 책머리에 적습니다. 이 작품집의 출판을 맡아준 '도서출판 느티나무' 김태환 사장님께 감사한 마음 전합니다.

2024년(甲辰年) 8월 23일(음력 壬申月 7월 20일)

박성철

목 차

제2장. 헬리혜성

제3장. 죽계천 회상

제4장. 태풍 사라호

제5장. 어머니의 편지

제1장. 어머니의 고향

思母曲※. 1

높은 하늘 그리시다 별이 되어
내 작은 삶을 내려다 보고
반짝반짝 빛으로 있을 얼굴을 그립니다.

모진 세상 밑뿌리 거두시며
한 줄 그늘로 엮은 세월은
우리들의 풍요한 젖줄이었습니다

우러러 당신의 얼굴을 그리다가
당신의 눈동자 속에 살아오며
당신의 삶이 되어온 나를 찾았습니다.

어머님의 꿈이던 자식
나의 귀가 되고 지혜가 되신 당신의 日月은
온몸을 사뤄 온 촛불이었습니다.

소근 대며 보이지 않는 빛이 되어
온 누리를 비추이고

우리들의 빛으로 있을

어머님의 눈동자
어머님의 목소리
당신의 그윽한 모습이여.

※ 청소년애송시집(윤재근 모음, 현대문학사, 1985년)

철탄산鐵呑山

–思母曲. 2

눈내리는 철탄산은
어머님 모습이다.
天地에 세월은 멎은 듯이
사철 분주한 잔가지의 바람도 떠난
내 겨울 빈 뜨락에
보름 달덩이처럼 솟아 오르는
어머님 모습이다.

눈 내리는 철탄산은
기도하는 어머님 모습이다
어머님 정성을 오롯이 받아
내 검은 그림자 눈빛으로 바래주고
하얀 머리로
진리처럼 파란 하늘 이고 계신
어머님 모습이다.

목숨
-思母曲. 3

내 가냘픈 호흡속에
거룩한 어버이 하느님 사랑 드나드십니다

고요한 하늘
치솟은 太·小白山 가운데 자리한
자식 양육하신 어머님 고향
죽계竹溪 서천西川 맑은 물결
놀뫼(노루미) 강변의 잔잔한 노래 곁에서
이 생명에 살아갈 길 터 주셨으니
천지신명의 거룩한 목숨 이으시는
어머님의 지순한 사랑의 생애였네.

눈매
-思母曲. 4

어머니
당신의 눈동자는 늘 보고 계십니다

잠시도 돌리지 않는 눈매
눈 감으면 더욱 선명하게 보이는

언제나 그 모습

낳으신 정 보듬고 계신
신비한 사랑의 샘
어머님의 눈매.

소백 아리랑
-思母曲. 5

소백산 죽령 아래 드넓은 광야
기차 역전 영주리에서
西川 거슬러 올라 죽계강변竹溪江邊
노루미 산 언덕으로, 아지골로,
장수고개 장수바위 솔밭 가에 옮겨살며
아버님 병환 요양하시던
동녘산 신작로新作路 아래
논밭 가 외딴집에 살았네

코스모스 찔레꽃 향기 따라 뛰놀며
꿈의 파노라마 펼치던 초가집의
옛 추억과 환상에 잠겨 보네

어머님의 무한한 사랑의 품에서
산과 강변의 넓은 들은 생명의 활기 넘치는
풍요로운 삶의 향연이었네

형님의 든든한 우애 한결 같고

천진한 벗들과 죽계천에서 뛰놀며
먹지, 비단피라미 떼 쫓으며 놀고
밤나무골 묘지가엔 땅벌 잉잉 날고
흰구름 하늘을 달리던 어머님 나라는
때로는 힘들고 슬픈 고개도 넘고 걸으며
한가족 같은 정깊은 이웃들과 함께 살아온
소백 아리랑 우리들 낙원이었네.

놀뫼 강변의 추억

-思母曲. 6

국망봉에서 흘러내리는
신선이 노닐던 수려한 죽계구곡
저녁녘 석양에 물들면
놀뫼 동산은 황금빛 궁전이었네

눈동자 하나로
아득히 은하를 나르던 별 떨기들
구곡 물길 굽이굽이
안축의 별곡※을 실어 내리고

귀또리 달 밝은 밤은
안식에 잠든 내 영혼을
꿈길로 불러 내시던 어머니

어머님 나라에서 나도 한 떨기 별이 되어
미지의 세계를 무한정 나르던
신기루 속 놀뫼 강변아

※고려말 順興 안축安軸 선생의 경기체가 '竹溪別曲'을 이름.

참꽃 문둥이

-思母曲. 7

빼꾸기 구성지게 울던 장수고개
동산에 참꽃 따러 다녔지요.
상큼한 빨간 꽃송이 따서 먹으며
산속 깊이 들어가서
나갈 길 몰라 방황할 때
"애야- 어디 있니?---"
애타게 부르시던 어머니 목소리

"참꽃 문댕이 너 잡아갔나 놀랐다."
"엄마- 참꽃 문댕이가 누군데?"
"참꽃나무 뒤에 숨었다가
참꽃 따는 아이 잡아 간댔다."

이후 참꽃이나 진달래를 보면
가슴이 두근거렸네

운동화

-思母曲. 8

구곡 감고 내린 강변 둑을 따라
형과 함께 매미 잡으러
포푸라 나무로 달려갔네.

말초리 든 형이 앞서 뛰고
나는 땀 젖어 미끄러운
검정 고무신 벗어들고 으쓱대며
마음 앞세워 뛰었네.

갑자기 미끈거리는 발바닥 아래
알록 뱀이 달아나고
놀란 가슴으로 형아- 하고 외쳤네
형은, '니 괜찮다. 운수 좋다.' 며 웃어 주었네.

다음 영주 장날 어머니는
흰 운동화를 사 오셨네.

어머니의 고향

-思母曲. 9

내 고향은 어머님 옛 집이다
어머니는 영원한 우리들 고향이다
아버님이 지어 함께 살아오신
혜자兮字 마을 정자亭子 형 고향 집

부엌 뒷문을 열면
감나무 잎 지는 두레박 샘에
별순 달순이 노래 전설도 듣던
땅 위에 세운 하늘나라 궁전.

아버님 내 어린 시절에 타계하시고
홀로 처절한 삶 지켜 오신 고향집에서
어머님 고통의 생애 헤일 길 없던
아리랑 아라리 아라리오
내 고향집은 어머님 나라였다.

죽계천竹溪川

-思母曲. 10

일생을 잔잔한 물 흐름으로
어머님은 죽계천 같이 우리를 기르셨다
바위와 벼랑에 부딪히며 깨지며
손발 헐어도
물결의 노래로 살으시며
말씀 주시며
부드러운 눈빛으로
투박한 손길 다듬어 주시던 어머니
죽계천은 어머님의 교향시 였다
헤아릴 길 없던 우리들 허물을
옥구슬 맑은 사랑으로 씻어 주시던
母情의 교향시 였다.

幼年의 겨울
–思母曲. 11

小白山谷에 빙하기가 오면
어머니는 죽계천에서
빛나는 태양을 건져 오셨다.
겨울에는 얼음판 밑으로
살찐 물살이
더욱 눈부시게 내달으며
사릿빛으로 타는 江
어부처럼 억센 팔뚝으로
어머니는 날마다 죽계천을 깨고
펄 펄 뛰는 태양을 건져
우리들에게 먹이셨다.

小白山 새
-思母曲. 12

어머님은 늘 첫새벽에
아지골 하늘문을 여셨다
남문 열면 어둠은 동산 자락으로 비켜앉고
자식들 아직 깊은 잠도
자상한 음성으로 개켜 얹으면
집안 그늘은 해맑은 빛살로 일어서고
장수 고개에 둥근 해는 떠서
내 마음에 빛으로 피어
목마른 내 영혼은 희망에 설레고
이른 아침부터 꿈을 쪼으며
소백산을 나르는 새가 되었다

봄맞이

-思母曲. 13

어머님 머리에 흰 무명 수건 쓰시고
땀 흘리시며 감자밭 매시던
아지골 언덕배기 밭에서
달래나물 양념장에 버무려 점심밥 먹던 추억

전신에 퍼져 나는 봄나물 향에 동해서
지루했던 동천冬天 박차고 들길을 뛰어나가
봄이오는 죽계천을 달렸지요.
종달새 노고지리도 봄이 온다 지지배배
하늘 높이 날았지요.

강에서 아이들이 잡아올린
나긋나긋 비릿한 햇살은
은어 비늘 보다 더 눈부시고
우리 식구들 함박웃음 속에
복사꽃 깜짝 놀라 깨는 놀뫼 강변은
영원한 母情의 강변이었네.

하동夏童 시절

-思母曲. 14

형을 국민학교에 입학시키고.
어머니는 다시 영주로 이사하셨네.
나도 이듬해 학교에 들어갔네.
우리 형제 공부 시키시려고 이사하셨네.
철없는 소년시절이 시작되었네
영주 西川에 여름이 오면
나는 늘 하동河童 이었다.
구성산 불바위 타고 가학루 올라
철탄산 바라보며 벅찬 숨을 고르고
우람한 위용 병풍으로 둘러 솟은 소백산맥
비로봉 죽령 도설봉을 우러르면
백산白山의 정기 마음껏 마시며
고함소리 절로 외쳤네.

서천 봉송대 쪽박소沼에 물놀이 하고
금모래 얕은 물길에 따라
붕어 피라미 먹지 떼 쫓으며 놀고
뜨거운 신작로 맨발로 걸어오면

어머니는 찐 감자를 내 놓으셨다.
분이 팍팍나는 구수한 감자맛
잊을 수 없는 소학교 시절 이었네.

가을 江

-思母曲. 15

가을 江은 어머님 닮았다.
내 고향 파란 하늘을 담아
깊은 나의 소망 나의 꿈을 키워 주시던
어머님 음성을 닮고

억년 푸른 山의 묵직한 마음도 담아
변함없는 사랑의 뿌리
가을 강물은 어머님 사랑을 닮았다.

한가한 낮의 산새 소리에 일 멈추시고
귀 기울이다 합장 하시는
어머님 간절한 목소리 닮았다.

제2장. 헬리혜성

6.25 피난 길

-思母曲. 16

1950년 6. 25.
북한 공산군의 불법 남침으로
포성에 울먹이던 小白山
다리 부서진 洛東江
물결은 슬피 울고 있었다.

저녁 하늘 붉게 물들고 연진煙塵을 헤매든
피난길의 어머님과 형님들과 나
불안과 공포에 떠시던 어머님
눈물 뿌리시던 그 산하 지나며
헤어진 고무신 끌고 남으로 남으로 무한정 걷기만 했다.

피난민 대열 따라
돌아올 기약 없는 유형流刑의 길이었다.

6.25 집은 전화戰禍로 사라지고
-思母曲. 17

6.25 피난길 마치고 귀가한
영주리 후성시장 안 우리 집 있었네.
뛰어 골목을 들어선 순간 바라본 광경
집은 포탄에 날아갔는지 화재당한 것인지
구들장만 매끈하게 남아 우릴 기다렸다.

놀라신 어머니 황망히 구들바닥에 오르시어
두 손으로 구들장 두드리시며
"우리 우리 어찌 살라고 아이고…"
통곡하셨네.
연신 방구들을 두드리시며 절규하셨네.

덩달아 형과 나도 어머님 끌어안고 눈물을 쏟았네
어머님 유약하신 모습에 더욱 불안하여
어린 우리 형제 어머님 끌어안고 함께 눈물 쏟은 귀향
돌이켜 보면 그때가 어제처럼 머리와 가슴이 함께 오싹한
절망감은 잊을 길 없었네.

헬리혜성
-思母曲. 18

거무칙칙한 저 외나무다리
거무칙칙한 저 다리 아래
어머님 빨래 하시던
물살 고운 강물은
지금도 흐르느냐

다리 위로 부르며 가던 나의 옛노래
너는 아직 부르고 있느냐
물오른 미루나무 가지 틀어
삘리리 불던 옛노래
철 늦은 하얀 코스모스는
날 기다리시던 어머님 모습
이제 밤이면
그 옛날 어머님의 헬리혜성을 만나리
칙칙한 저 나무다리로 달음박질치며
숨 가삐 뛰어가리
물살 고운 죽계천 건너
어머님 본향으로.

대죽竹

–思母曲. 19

굽은 세상 바로 사시랴
마디 마디 울었다.
자식들 푸르게 살라고
늘 하늘 우러르다
속은 아예 비었으니
옛 가인의 피리여
달빛 세워 듣는 네 가락으로도
어이 다 노래하리
어머님 사랑
어머님의 인고와 한
어이 다 풀어내리.

물

-思母曲. 20

우주 하늘 땅 사람 어디서나
항상 목마른 물
우린 요사이 순수한 물이 더욱 그립다.

노자老子는 물이 도道에 가깝다 했으나
물은 이미 덕德의 상형象形도 벗어나 있다.
무위한 형체로 자신을 살라
환桓 님과 합덕해 있다

술戌 해亥 자子여
그대 만물을 낳고 기르는
곤덕坤德의 근원이여.

별
-思母曲. 21

어머니
마냥 서울 형님 댁에만 계십니까
오늘은 달이 더 밝고
북두칠성이 유난히 반짝거려서
어머님 계신 곳을 향해 서 봅니다.

장독대 아련한 달빛 속에 내 어릴 적
검은 머리 곱게 빗어
은비녀 꽂으신 어머님 모습은
저 밝은 달덩이 같았지요

우리 형제들 어머님과의 숱한 추억
오리온 성좌에서 놀 때처럼 밤마다 그립고
한편으론 불효자식의 회한에 가슴 아립니다.

달무리

-思母曲. 22

보름달이 뜨네

사무친 저 그리움
둥그런 어머님 얼굴
때론 달무리를 그리시네

당신은 서쪽 나라로 홀로 가시며
구름 밀치고 별 밭 헤치시는
내 가슴에 지지않는 달덩이 셨네

세월이 지난 어느 날의 달무리가
눈물이 글썽거리는 걸 보았네
그때 이후 나의 철 늦은 불효가
사무치게 아립니다.

白雲山寺에서

-思母曲. 23

가셨다
이모님이 하얀 세타를 입고
오솔길 따라 내려가셨다
이렇게 내가 山寺에 온 것이다

이제 난 혼자다
깊은 山谷에 혼자다
이 산사로 날 데려다 주신 이모님은 가셨다

솔잎 뜯어 씹으며 山寺로 돌아섰다
방문을 열 때까지 떫은 솔잎이 나를 달랬다

너는 역시 막내둥이구나

어머니와 모든 가족을 떠나왔다는 마음 일자
가슴이 메었다
산곡에 어둠이 내렸다.
보살님 저녁 염송에 날 잊어보려 해도
인정의 끈 모질기만 한 불면의 白雲山寺에서.

편지
-思母曲. 24

어머니
가을이 곧 끝나려 합니다.
지난번 편지에는
너무 어머님 오시라고 재촉했나 봅니다

그래도 가을볕은 얼마 남지 않고
바람 벌써 쓸쓸히 지나갑니다
노루미(놀뫼)※ 강변에 쪽빛 하늘 풀어놓고
죽계천은 흘러갑니다.
과포밭에 능금철이 다 되었으니까요

어머님 오시면 빨갛게 익은 능금을 따서
드리고 싶어요
능금 속에 추억어린 꿀이 백여있고
달디단 과즙이 새 힘을 솟게 해 줄 거에요

낙엽이 다 떨어지지 않았으면 합니다
가을 서둘러 떠나가는 게 안타까워서

늦은 밤 이렇게 앉아
서울 계신 어머님 생각합니다.
형님 댁 돌보시느라 노심초사 하시는 중
이 머나먼 小白山谷 막내 걱정에
오늘 밤도 혹 저 달을 보고 계시는지요

※노루미(놀뫼) : 국망봉 계곡 근원의 죽계천이 수려한 죽계구곡을 이루고 안축 선생이 시객 들과 경기체가로 시짓기하며 노닐던 죽계천이 순흥부의 소수서원 아래 와서 금성대군의 단종 복위 거사가 실패하여, 죽계천은 붉은 핏물이 되어 흐르다가 그쳐서 '피끝' 이라 부르던 마을을 돌아 내려와서는, 노루미라 부르던 산마을에 이르러서 다시금 맑은 강물되어 석양 무렵의 아름다운 경관을 보여주던 강변 산마을 '놀뫼'라 부르기도함.

매화
–思母曲. 25

어머님 살아오신 발자취마다
매화향 그윽한 서릿발 입니다
살이 타는 땡볕보다
벌레 소리 교교한 달빛에
가슴 더욱 저린
매화 향 그윽한 서릿발 입니다

난蘭

-思母曲. 26

벙어리인 양
고개 숙여 사신 모습
밤낮 어디 편한 자리 있었으랴
마음의 날 푸르디 푸르게 갈아
家門과 人倫 지켜 계셨네

국화
-思母曲. 27

어인 빛깔인가
어인 향인가
해님 사랑 무르익어 향연인가
世上에 비길 데 없는 詩
빛과 향의 가지런한 형상
어머님의 生涯

대죽竹 2
-思母曲. 28

내 삶이 고통스러운 것은
꽉 찬 속을 비우지 못한 탓이지요

내가 외로운 것은
마음이 탐욕으로 가득 차서지요

내가 고독한 것은
줘야 할 사랑만 남아서지요

내 번민은
빈 속으로
댓닢 곧은 심지로 사신
어머니
당신의 지혜를 못 따른 不孝 탓이지요

제3장. 죽계천 회상

어머님은 소띠
-思母曲. 29

소띠인 어머님은 멍에를 메고 살았네
거센 시모 시앗줄에 매여
자식들 주렁주렁 달고
살을 찢으며 살았네.

한을 갈아온 수많은 낮과 밤
눈물 어리는 예순넷의 고달픈 밭이랑 마다
넘치는 우리들 기쁨은
피로서 가꾸어 온
어머님의 온 평생
사랑의 아픔 이끄는 긴 여정이었네.

구만리 장천엔들 안 뻗쳤으랴
당신의 탄식 소리
그 기도 소리
허나 우리의 귀는 멀었었네
우리의 눈은 멀었었네
고통의 멍에에서 나는 사랑의 찬가를
우린 듣지를 못했네.

묵주기도

-思母曲. 30

어머니
오늘 당신은 막내를 위해 기도하신 것을 알았습니다.
노령의 지치신 몸으로
성당을 찾아 가시어
몸이 허약한 막내의 건강을 빌으셨습니다.

루르드 수도원 産
까만 묵주 알알에 정성을 빗으시어
감실 앞에 무릎을 꿇으셨습니다.

어머님 기도 중에
아들은 먼 山行을 무사히 돌아오고
당신은 빗속을 걸어 오셨습니다.
멀리 성당으로부터
늦가을 찬비 맞으시며 오셨습니다.

"어려운 일 없었니?…" 하시며
빗속에 젖으신 모습으로 고즈넉이 바라보시는 어머님은
성모님 모습이었습니다.

(1988년 월간 女苑 12월호)

보름달
-思母曲. 31

고요한 달밤 그리워
창문을 한지로 모두 발랐습니다

오늘은 무인년 병신월 무자일
복사꽃 배꽃 화사한 대보름 달밤

그리움 솟구치며 눈시울 뜨거워지네
내 창문은 꽃잎처럼 소리 없이 열리고

환 한 미소 방안 가득 채우시는 어머니
지난 시절 이야기로 밤을 새우셨습니다

세우細雨

-思母曲. 32

구월 가 는 비가
내 심장을 쓸고 있다
보일 듯 말 듯
물레 잣은 명주실 고운 비는
차근차근 내 머리에 앉으며
思母 읊조리니

청개구리 우는 소린가 했더니
쓸쓸한 들국의 흐느낌 소린가 싶더니
노루미 강변에 細雨는 또 내리고

귀향길

–思母曲. 33

이제 우리에게 옛 놀뫼동산 모습은 볼 수 없는가
울퉁불퉁 신작로 걸어서 혹은 소달구지 타고
반나절 걸리던 영주장터

국민학교 입학으로
내 유년의 추억을 떼어놓은 죽계천변,
아지동, 귀내, 장수고개, 피끝, 소수서원. 부석사 가던 길

나이 들어 찾아온 고향길
꿈에 그리던 옛 모습은
산업문명의 쓸쓸한 변두리 되어
내 유년의 죽계 천변은 되돌아갈 길 없는
머나먼 시간 밖의 별이 되었네.

쓸쓸한 발길을 돌릴 무렵
내 가슴속 어머님, 형님,
정겹던 내 동무들과 추억의 편린들을
놀뫼 강 물결의 비단 은어들이
펄펄 뛰며 옛 모습 그대로
눈부신 석양으로 피워 올렸습니다.

꿈길의 고향집

-思母曲. 34

꿈결에 다시 가본 고향 집
봄비 내리는 놀뫼 강변에는
금모래들이 우리 옛집 옛날 이야기들을
다솜 다솜 헤집고 있었네

안개가 강물 위로 피어올라
난쟁이 발로 동산을 기어 오르며
초록 물감을 펼쳐놓네.

아침햇살 참꽃 진달래꽃 빛으로 단장한
장수고개 옛 고향 초가집에서
칠아- 덕아- 밥 먹자-
우리 형제 부르시던 어머니
정 깊은 그 음성 그 목소리
아직도 들리네

눈깔사탕

–思母曲. 35

도봉산 오르는 길에
옛날 과자를 펴 놓은 노점상이
내 발길을 부여 잡네
알록달록 알사탕들
말 눈깔 소 눈깔도 다 있네
영어로 불스 아이(bull's eye)라 했지.

“엄마 돈 10원만!…”
졸라서 눈깔사탕 하나 사 먹고
하루를 건너던 시절 1940년대
어머니 치맛자락 붙잡고 조르던
유년 시절이 떠올라
달콤한 맛 눈깔사탕 입에 물고
눈물을 글썽거렸네.

아지동 들국화

-思母曲. 36

아지골 뒷산
어머니와 함께 찾던
할머님 산소에 솟은 들국화에
노을이 쏟아지고 있었다

꿀을 따내던 벌들이
꽃술에서 잠든 아기별들을 건져
놀뫼 강물에 띄우고 있었다

달이 뜨면 江은
별 총총한 하늘 높이 오르리
내 어릴적 형님과 쫓으며 놀던
장수 잠자리들 앉았다 날았다
날 데리고 그 옛날 마을로 가자네.

어머님 우리 형제 키우시던
죽계별곡 흐르는
놀뫼 옛 동산으로

白두루미 가족

-思母曲. 37

저녁 새 눈망울에 비끼는 땅거미
영악한 물고기 한 마리 어디서 쪼을까

둥지에서 목청 트고 있는 어린것
먹이 한입 찍을 때까지
저녁 해야 국망봉 위에 섰거라

어린 날 공상을 날던 시절
때때로 허전한 동심을 채워주던
백로 가족과 함께
산마루 먼 하늘로 비상의 꿈 키우던 시절
이내 작은 가슴은
붉은 노을과 함께 타며 설레었네

나도 어느덧 자식을 키우는 세월에
놀뫼 강에 와서
아이들과 물놀이 하노라니
어린것들 데리고 먹이 사냥 가르치는

어미 백로 곁에서
멍- 하니 내 유년의
어머님 모습 바라보고 서서 있네.

立冬편지
-思母曲. 38

어머니
서천교 아래 금물결 반짝이고
억새 언덕에 햇볕 아직 따스합니다
서울 형님 병환 나으시면
곧 오신다 하셨는데
오늘이 벌써 입동立冬입니다

낮에는 죽령 너머
서울 하늘 그려보다가
저녁녘엔 영주역에 나가 보았습니다

혼자 돌아오는 길엔
초겨울 밤 한기가
외로움과 서글픔으로
제 작은 몸을 안밖으로 에웠습니다
변절기에 어머님 그리고 형님
건강에 더욱 조심 하세요

雪日의 외딴집
-思母曲. 39

설일雪日엔 온 몸이 하 예 지시던 당신
장수고개 월동越冬을 괴시더니
송이송이 눈 머리에 얹으시고
그 모습 초췌 하시더니…

아 아 돌아가 보자꾸나
멀고 먼 기억의 장수고개
진흙 마당 뜰 안의 외딴 초가집으로

뒷산에 부엉이 여우 울음소리 들리고
한밤중 우리집 돼지를 노리고 침입한 늑대
우리 워리와 치열하게 싸우던 소리

"꽝!-" 어머니가 다듬이 방망이로
방문을 힘껏 쳐 열으시며 고함치자
대문 밑으로 빠져나가는
늑대의 긴 꼬리를 나도 보았어요.

낑낑대는 네눈박이 워리를 안고 보니 늑대와 싸우다 눈이 심하게 물려서 오랜기간 치료해 주었던 가슴 두근거렸던 그 시절.

이후 설일雪日엔 등잔 심지 돋우어 경계하시며
돼지를 키우며 잠을 잘 못 이루시던 어머니
저는 그 시절에 가끔 삼눈을 앓았지요.

제4장. 태풍 사라호

출산出産

–思母曲. 40

아내의 출산에서
어머니…
당신이 날 낳으시던 산고産苦를 생각해 봅니다.

하늘 무너지는 고통 감내하시며
핏덩이를 품에 안아주신 그 온기…

우리, 첫 아이의 출생을 받아 안으며
이제사 가슴 저리게
아려오는 불효不孝를 어찌 합니까

회초리

-思母曲. 41

오늘
막내 아이에게
회초리를 치다가
내 종아리가 더 따가운 것은
어머니, 지난날 당신의 매를 맞고 울던 저를 보며
마음 쓰려하셨던 어머님의 표정
이제사 느껴 알고
회초리 맞고 엉엉 우는 당신의 손주 얼굴이
제 철부지 적 모습임을 보고
다시금 어머님 생각에
회초리를 놓고 말았습니다.

꿈자리

-思母曲. 42

……예야…… 어제 밤 꿈자리가 이상터라
무슨 궂은 일 없었니?
예 어머니 아무일 없어요!

… 네 형에게 전화 해 봐라
무슨 차 사고라도 나지 않았는지…
언짢은 꿈 꾸셨어요 어머니?…

그래…… 술 먹고 운전하지 말라 전해라
직장 일도 실수 없이 잘하라 하고…
꿈자리가 안 좋더라
너도 오늘 길조심 차조심 해라.
예 어머니
예 어머니…

귀또리

-思母曲. 43

오늘 아침 언듯 귀또리 소리
귀뚜라미 한 마리 내 가슴 속에서 울고
내 양 무릎에도 귀뚜라미 집 지었네

걸음 따라 귀뚤 거리고
가을 들녘에 서서 귀 기우리면
어머님 고향에서 우는 귀또리 소리
해질녘 과포밭에서 땀 닦으시며
아리랑 가락에다 붙여
감자밭 김 매시며
어서 오너라.
해 지기 전 다 매자꾸나
어머님이 가르쳐 부르시던 그 옛 권농가
찌리링… 똘똘 찌리링
귀뚜라미가 내게 반추하고 있네

주름살

–思母曲. 44

어머니 당신은 영원토록
우리곁에 머무시지 않으시고
어디로
그 어느 나라가 있어서 자꾸만 발길 떼십니까
당신 손등에
당신의 얼굴에 올리신
주름, 주름……
주름 사이 아스라한 길 따라
남몰래 멀어져 가시는 어머님 얼굴
손잡으려 해도
잡힐 듯 뒷걸음으로
조금씩 떠나시는 어머니

추모秋慕
-思母曲. 45

바람불고
낙엽 깨어지는 가을 밤
보름달 뜨래박에 나의 유년을
퍼 올리시던 어머님은 늙으셨네.
울어라 귀뚜람아 그 옛날을
똘똘 또르르…

우리 어머님 늙어 눈 안 보이고
귀 어둡고 백발 성 성 인다.
어머님 품에 자란 내 가슴에
또르르 비벼대며 울어라
잊지 못할 지난날들
어머님 사랑 노래 불러 다오.
똘똘 또르르…

달 밝아 휘영청 철탄산 넘는 한가위에
백발 되신 어머님 어이 하나
똘똘 또르르…

九旬의 어머니

-思母曲. 46

눈물인가
가을 이슬인가

아롱다롱 속눈썹에 맺히는 까칠한 원근遠近
어머님 얼굴에 깊은 주름 섧어라
잎 진 감나무에 선 홍시 하나
너도 막을 수 없는 세월의 江

끊어질 듯 이어진 이승의 외줄 이랑을
당신 홀로 아슬아슬 노 저으시나요
구순의 능선을 넘으시는 어머니…

아버님 산소에 加土를 하며

-思母曲. 47

어머님 형님댁은 무고 하신지요
어머님 오시길 기다리다
아버님 산소를 찾았습니다
아버님은 어린 제게 기억하나 안 남기시고
그렇게 일찍 가셨나요

봉분 그늘 빛바랜 잔설 조각도
뼈를 삭이는 눈물을 머금고 있었습니다

저도 불혹이 된 이제야
제 생애生涯의 아버님 빈 자리가 문득
힘겹던 세월들이 제 가슴을 누른 채 떠날 줄 모릅니다

냉기와 북풍에 떨며
눈 속에 얼어 지샌 우리들의 긴 겨우살이
아버님이 남겨놓으신 이승 한 자락
개구리 눈물아린 경칩도 지난날
대궁 시린 때 이른 할미꽃 망울 하나
아버님 무덤 위에 고개 숙이고 있었습니다

각기우동
–思母曲. 48

지금도
서울을 가고 오는 기찻길에
제천역에서
각기우동※을 먹곤 한다

배워야 내가 살고 집안과 나라도 살리는 시절에
어머님과 집 생각이 나면
훌쩍 청량리 역에서 기차를 탔다

석탄 기차로 10여분이나 통과하는
치악산 따뱅이굴, 죽령굴을 나오면
콧구멍에, 기차 화통처럼
새까만 끄름이 끼어도
우동 냄새는 결코 놓치지 않았다

뜨겁고 싱거운 국물에
노랑 단무지를 한쪽 깨물면
시장기 동하던 창자에선

가난의 설움도 새콤하게 치솟았고
겨울 하늘로 흩어지는 김 사이로
일제식 철도관사의 쓸쓸한 정경에
뼈아픈 역사의 회상에 젖어서
삭막한 겨울 나그네 길 멈출 날 꿈꾸며
시린 발 동동 굴려 먹던
제천역 각기 우동

※ 각기우동 : 예전에 영주 청량리 오가는 기찻길에 제천역에 오면 홈에서 파는 각기우동을 사먹는 일이 별미였다. 새콤한 단무지(다꾸왕)와 따끈한 국물을 함께 먹으며 오랜 시간의 지루한 여행과 시장기를 달랬다.

태풍 사라호
-思母曲. 49

사라호 태풍 지나간 그해 겨울
황량한 장위동 언덕배기 토담집에서

연탄깨스에 실신하신 어머님
두통과 어지럼증 앓으시며
한달을 넘겨 병석에 계셨을 때
사택 대문을 휩쓸어간 사라호 태풍도
우리 형제 걱정과 절망을 날려가지 못했다.

“이거 큰일 났구나
나 죽으면 안 되는데...
너희들 어떻게 살아 가갔니?...“

눈물로 베게 적시시던 어머님은
당신의 고통보다 혹한의 겨울을
자식들 걱정에 더 괴로워 하시던 모습 지켜보며
손바닥에 얼음이 쩍쩍 붙는 뜨래박 줄을 잡아 올려
어머님 죽을 쑤어 드리던 우리 형제는
애끓는 마음으로 간절한 기도와
하늘님 자비만이 우리가 기댈 희망이었습니다

日記 戊子(1960. 1. 1. 금)
-思母曲. 50

따르르르…… 0시를 알리며 새해가 됐다.
나는 보글보글 끓는 어머님의 죽을 지키고 있었다
이젠 열일곱살이 되는구나
그만치 나는 커 버렸고 가버린 해 만큼
인생을 잃어버린 것일까?…

벌떡 일어나서 연통을 만져 보았다
싸늘하게 식어간다
밥죽에 간장을 비벼 몇 숟갈 드신 어머니는
비스듬이 누워 기척이 없으시다

연탄불을 갈아 넣어야 한다
셔츠 바람으로 덜덜 떨며
다 타버린 구멍탄을 원망하고 있었다

부득이 아궁이 불을 꺼내오고
아궁이엔 새 탄을 넣어야 함에도
그리로 행동은 아득해지고

연통에서 손조차 떼기 싫었다
한참 구멍탄을 갈아 넣느라 목구멍이 칼칼했다

또 한 가지 해야 할 일이 남아 있다
생각을 무시하고, 뇌의 명령을 기다릴 사이 없이
발을 전진 시켰다
어머님 탕약을 짜 드려야 했다.

어머님 중환에 절망감이 쌓였던
장위동 시절이었네.

日記 己丑(1960. 1. 2. 토)
-思母曲. 51

어머니 약을 짜드려야지
그리고 다음 약에 넣을 생강이 없지,
어머님 점심을 해드려야 하고
내 시간이 없겠는데…

〈학원〉 잡지를 펼쳤다.
화보에 안수길(소설가) 선생님과 내가
'선배와 후배'란 제목으로 전면 사진으로 나왔다.
학원문단 학생들에 대한 씨리즈의 하나였다.
〈학원사〉에 보낼 원고(시)를 어서 탈고해야 한다.

… 아직 약이 덜 됐다
설건이를 했다. 미리 어머니 죽 끓일 쌀을 씻어 놓았다
12시, 무얼할까?…
그 시詩를 다시 옮겨쓸까… 아무래도 너무 난필이야

아이쿠 약을!… 바짝 쫄아 버렸다
물을 조금 더 넣고 더 끓인다.

하마터면 태울번 했다
얼른 점심을 먹고 약을 짜면 시간이 절약 될 거야

"야 아- 철아- 나- -변소 좀 가야 겠는데…
어 떻…할 래
울분… 입술을 깨물며 어머님을 부축, 마당 가
화장실로 모셨다. 밖에서 기다려야 한다

그 사이 밥 좀 먹어?... 안돼, 점심먹기는 늦어...

제5장. 어머님의 편지

德이 형님의 편지
-思母曲. 52

성철이 보아라
그동안 몸 성히 학교는 잘 다니느냐?
부산을 다녀간 후론 어찌 편지 한장도 없느냐
나는 여전 바쁜 가운데서도 건강히 잘 있다

어머님께서 얼마 전에 여길 다녀가셨다
어머님도 건강하시고
집안 형님들 소식 종종 듣고 있다
부산에 있으면서도 좀처럼 시간이 나질 않는다
힘들었던 학창 시절이 네게도 이젠 얼마 남지 않았구나
불편하고 약한 몸이지만 용기를 가지고 끝까지
버티어 주기 바란다
아직 까지 물질적으로 힘이 없는 나이지만
마음만은 언제고 너를 떠나지 않는다
그건 어머님도 그러하시단다.

어머님 소원은 이제 너 건강하고
공부 잘 하고 있기를 간절히 바라신다

적어도 내년까지는 어머님의 그 소원도
성취되리라고 본다

힘든 시절을 지내며
매듭진 마음들을 풀고 학업에 열중해 주기 바란다

- 1968년 초하에 부산에서, 형

어머님의 편지
-思母曲. 53

성철이 보아라
기달리고 바라던 차에
네 편지 반갑게 바다 보았다
(육군 ㅇㅇ학교에 갔다고 했지…)
그렇게도 조흔 학교로 갔니?
참 방가운 일이다
여기는 다 잘 잇고
사업은 여전하다
네 말대로 한글날 (면회)갈려고 하니까
아지동 잇는 경호 어머니는
그때까지 잇스면 농촌에 밧버서 안된다고 한다
오늘이 19일 이니까
요다음 26일 오전에 도착 하도록 하겟다

그러면 나하고 아지동 경호 어머니하고 갈 터이니
그리 알고 잇거라

- 어머니 서

성북동 자취 시절

-思母曲. 54

산 돌을 깨는 굉음에 놀란
김광섭의 비들기들이 돌산을 휘 도는
성북동 자취시절
형은 보성고교를
광두는 성북고교를
나는 휴학중이던 1960년 시절

12열차로 상경하신 어머님은
신새벽 성북동 골짜기로
쌀자루 이고 걸어 오시다가
차 불빛에 눈부셔 헛발 디디시고
개울로 떨어 지셨네

온 몸 마비되는 고통 참으시고
고마운 분의 부축받으시며
우리들 자취방을 찾으신 어머님…

"…쌀 다 떨어지지 았았니?"

이 말씀 먼저 하시고 누우시고는
밤새 옆구리를 앓으셨습니다.
이후 비가 오는 날은 통증을 앓으시던 어머니…

사토沙土그릇※
-思母曲. 55

思母 빈 자리에 차는 그리움
小白山 자락 저녁노을로 탄다

헛 배 채우느라 내달려 온 목숨
벗으려 애써도 쌓이는 불효의 세월
때로는 다향茶香으로 씻어보았네

고희를 지나며 전통차를 즐기던 시절
어머님 생각에 시름 할 때면
白山의 차그릇 다반에 내 놓고
은은한 설록차 순향에 잠기곤 하였네.

※ 사토그릇(沙土茶碗)으로 문경의 도예가 白山先生(사기명장 무형문화제)이 빚은 찻사발을 이름.

잠자리
-思母曲. 56

파란 가을 하늘가
고추잠자리
투명한 날개의 설레임 속
내 小學校 교정에 같이 놀던 동무들 모습
비 개인 철탄산 언덕에
무지개로 떠 있네

(1991년 영주문학 15집)

대장간의 추억
-思母曲. 57

민속촌 대장간 앞에 멈추어 서서
내 소년시절 6.25 피난살이 때
풀무가 유난히 크던 하망동 대장간
널어놓은 식칼 낫 도끼 굉이. 연탄집게
껍질 붙은 자작나무 자루들이 뒹굴며
옛날의 정취를 일깨우네
닳아빠진 호미 날로
감자 캐느라 땀 흘리시던 어머님 얼굴이
시뻘겋게 달아오른 석탄불처럼
한동안 뜨끔하게 내 시야를 가로 막았네

신기한 풀무질을 거들어 보며
대포 몸통 같은 모루 위에다
달군 쇳덩이를 망치로 배룰 때면
반딧불 불똥이 따끔하게 내 볼에 튀었다.

대장간 아저씨가 땀을 뻘뻘 흘리며
굵은 힘줄이 퍼렇게 돋은 팔뚝을 휘둘러

연장을 벼릴 때는
학교 종소리처럼 땡 땡 땡 하고 울려서
대장간 아저씨가 소학교 선생님을 떠 올렸네.

동지팥죽을 먹으며
-思母曲. 58

1
세월이 어느사이 살같이 흘러갔나
기력이 쇠해지는 이 내 심신이
아이들 생각에 기쁨 반 근심 반 인것은
아직 어린 손자녀들이 애처롭다.

제 시절 동심童心의 천국과 꿈을 모르고
공부에 쫓기는 안타까운 마음에
동지 팥죽이 목에 걸린다.

"할아버지 학교 공부 하고 왔는데,
학원 과외는 왜 또 가요?…"
나는………
아무런 대답을 하지 못했네.

2
나의 소년 시절을 마음껏 뛰놀게 하신 어머니
동짓날은 잊지 않고 하얀 새알을 빚어 넣고

쒀 주신 팥죽, 나이대로 새알을 먹는맛 재미도 었었지.

구수한 팥죽 한 그릇 배부르게 먹고
우리 형제 대문을 뛰쳐나가 다시 뒷동산을 오르고
논바닥 얼음판에 스케이트 타며
마음껏 낙원에서 꿈을 키웠는데…

오늘의 손녀 손자들이 공부에 쫓기는 모습에
팔순의 목울대가 동지팥죽을 걸어잡고 운다.

낙엽에 듣는 가랑비 소리

-思母曲. 59

낙엽 깔린 도봉산 길에
가랑비 내리는 소리

고향 땅 영주에 계신 구순 어머님의
자식을 멀리 떠나보낸 한숨 소리로 들리네.

소백산 죽령을 넘기 까진 몰랐었네.
어머님과 고향에 대한 그리움을 몰랐었네.

나뭇잎에 떨어지는 가을의 소리
내 귀는 멀어도 영혼으로 듣나니
내 눈은 희미해도 심령의 불 켜고 보노니

가을밤 빗소리에
낙엽은 애처러이
思母曲을 부르누나

아흔아홉 구비 죽령 넘어
나 다시 고향 땅 영주에
어머님 곁으로 돌아갈 수 있으랴.

휘파람을 불자

-思母曲. 60

1

어머님이 그리운 날은
휘파람을 불자.

휘파람을 불면
어머님 옛 고향이 피어오르고
먼 먼 지난날 소년이 달려온다
열정으로 끙끙대던 불면의 밤
상큼한 휘파람 소리 따라
머릿속 이치 타산은
가슴으로 돌아와 뜨거운 이상理想이 된다

눈 내리는 겨울날
외로운 입술 오므려
탱 탱 얼은 하늘로 휘파람을 날리면
소년 시절 엮던 꿈이 다시 부풀고
청년의 힘찬 의욕도 다시 끓어 올라라

2

어머님이 몹시 보고픈 날은
휘파람을 불자

벗 들 다 어디로 가고 외로운 날
머리에 희끗희끗 서리 낄 때
더없이 가보고 싶은 옛 고향이 떠오를 때

휘파람을 불면
어머님 고향, 빛나던 태양과 강물의 시절
무슨 일이든 도전하고픈 활력들이
자연과 세상에 대한 애정과 열정들이

휘파람을 불면
내 조그만 가슴에 일어서는 신명이
고독의 의식을 능가하여
어머님 고향의 순수하던 열정으로 살아나서
다시금 무한정 새 희망으로 용솟음쳐 오른다

IMF의 겨울
-思母曲. 61

눈 내리는 저녁
퇴근길에 IMF 빙판이 깔린다
구멍가게에서 라면 두 봉지 사 들고
구수한 국물 맛 상상하며
희망을 한껏 붙들지만
영혼 속 깊은 근심을 지울길 없구나

눈발은 점점 거세지고
내 유년에
밥이 적다고 투정할 때
날 달래시던 어머니 생각에
눈앞이 흐려지누나

발목까지 묻어 오르는 IMF 눈길 걸으며
형제들아 그러나
가난이 갑자기 얼마나 겸손하고
또한 따뜻한 가슴으로 서로 위로하게 하는가
인간미 넘치게 하는가…

이미 가지고 있는 것으로도
서로 나누며 넉넉한 것을 생각하자
우리 모든 이의 어머니 한마음 처럼.

헌이 결혼식 날

-思母曲. 62

1977년 10월 12일 정오
헌아, 너 시집 가던날
성당의 종소리가 울려 퍼지누나
헌아야- 헌아야-
사랑은 너와 함께 영원하리라

네 엄마와 나는 미사참례 못한 일요일
하객들이 싱글벙글 모여드누나
하느님 사랑은 너와 함께
너희와 함께 영원하리라
영원히 우리와 함께 하리라

풍성한 삶의 세상 창조하며
너희 아름다운 새 세상의 주인이 되거라

네 할머니는 노환으로 누워 계시며
사랑을 담아 매괴경을 외시며
축복의 기도를 하고 계신단다.

화살기도
-思母曲. 63

길을 걸으며 문득 생각날 때면
어머님께 향하던 화살기도
부산 형님 댁에 누워 계신
8순旬의 어머님 모습 떠올라
오늘 무심중 쏘아대던 화살기도

문득 방향이 달라 지네요
화살이 삼천포로 진주로 나르네요

당신의 막내 손자가
지금 신병훈련소에 들어가 있으니까요
잠시 아이에게 기氣를 실어 보냈어요
어머님도 원 하실까 해서요

그리고 제게는 아직
살아있는 날 까지 쓰고 남을
사랑의 화살이 남아 있으니까요

그건 모두
노환으로 누워 계시면서도
어머님이 저에게 쏘아주시는
넉넉한 사랑의 화살이지요.

언제까지나 저희와 함께 계시옵소서
-思母曲. 64

구순九旬에 다가 서신
당신은 곤신坤神이 시니까
노쇠하시어 식음은
취하시는 듯 금 하시는 듯

안 보이시고, 못 들으시고
안 걸으시니,
묵주를 손에 감으시고
와선하시다가 좌선하시다가

어떤 때는,
… 등신불처럼 무슨…
염원을 외시는 모습으로,

어머님
그래도 언제까지나
저희와 함께 계시옵소서.

박성철朴聖喆 문단과 문학관련 경력

■ **아호** : 취운재翠韻齋

■ **본적** : 경상북도 영주시

■ **경력** : 경북전문대학교 영어과·관광통역과 교수
학보사·방송국 주간. 도서관장 역임

■ **문단**

- 1977년 현대시학 추천 등단.
- 한국문인협회회원(영주지부회장(1985-6), 경북지회부회장 역임)
- 경북시인대학 운영(강좌 및 시낭송회, 2002. 1. 5.)
- 구곡시문학회 창립(1999. 10. 3.)
- 영주문학연구회 창립(1999)
- 흰뫼시문학 창립(2004)
- 도봉문협이사, 한국문학비평가협회 부회장 역임(2020-21)
- WAAC/WCP(세계예술문화아카데미/세계시인회종신회원, 한국대회사무총장(2010) 역임
- 경희문인회 회원.
- 한국시인협회 회원.
- 펜클럽한국본부 회원.
- 한국영어영문학회 회원(전)
- 취운재시문학관 운영(구 문수남부초등) 운영기간 2002년 10월 15일-2004년 12월 15일.

■ **시집**

- 『향연』(1981). 『군조』(1990). 『억새풀 산조』(1996). 『청춘은 먼날에 지났어도』(시선집. 2001). 『Three Stanzas on Silver cats' Tails.』(영역시집. 2001). 『불협화음 3중주』(2008). 『아름다운 날들』(2022). 『흰뫼시문학동인 시집』 1-19집 (2004-2024)

■ **논문·평론**

- 「워즈워드의 낭만적 상상력」(논문).
- 「로버트 프로스트 시의 이원성」(논문).
- 「실낙원의 금단의 열매의 상징」(논문).
- 「실낙원의 부부 연구」(논문)
- 「한국 효孝 사상의 역사적 근원과 심청 효행의 상징」(논문)
- 「체험적 이미론」(시론-현대시학, 1982, 9월호.).
- 「나의 이미지 만들기」(시론-현대시학, 1986, 9월호.).
- 「나의 시 나의 리듬」(시론-현대시학, 1983, 12월호). (평론-문예비전, 2021년)
- 「새 정형시 민조시의 3.4.5.6조 수리 형식의 고찰」(문학평론; 문예비전 2020 가을호. 자유문학, 2022 겨울호에 재발표.
- 「박성철의 차운시담」(문학人신문, 2024, 3월-5월) 4회 게재.

■ **저서**

- 로버트 프로스트 사랑의 신념(논문. 평론집, 2011).
- 번역 : 위대한 유산(찰스 디킨즈(영) 원작)

■ **수상, 표창, 훈장**

- 한국문협우수지부장표창(김동리 이사장 1986).

- 경북문학상(1996).
- 경희문학상(1997).
- 제20회 황희문화예술상 시부문 금상(2008)
- 행촌문화상(2008).
- 제14회 매월당문학상(시부문. 2010) 대상.
- 제25회 비평문학상 수상(2023).
- 옥조근정훈장 수훈(2001)
- WAAC/WCP.(세계예술문화아카데미/세계시인대회-India대회)Litt.D(명예문학박사 학위 수여 2007. 9. 3.).
- WAAC/WCP. Poet Laureate(개관시인) 수상(2008).

■ **TV 출연**

1. 자작 시 '계곡의 봄' 낭송-KBS TV 환경캠페인 희방사 현지답사 출연(1993. 3.)
2. 소백산 죽계구곡 나레이터 출연(서울 MBC TV. PD 김정혼.) '죽계별곡(안축 작)' 낭송 죽계구곡과 소수서원 현지답사 소개 출연(1994. 2.)
3. MBC 안동라디오, 백경(허먼 멜빌 소설 소개 및 해설(1993, 2월)
4. 이한권의 책 '부석사 무량수전 배흘림기둥에 기대서서(최순우 지음)' 소개(자택과 경북전문대학교 연구실에서 녹음 및 촬영)
5. 이한장의 추억(권대식 화백과의 사진-권대식 화백 소개(경전대 잔디밭에서 녹음 및 촬영)
6. 취운재 박성철 시詩 도예전(취운시문학관 개관기념, 2002년 11월 2일-11월 4일).

■ **서정가곡(동인) 작곡 시**

1. 서정가곡 제6집(2013. 7.) 20선 ; '갯벌'(김해선 작곡). '도곡요에서'(이종록 작곡). '사모곡'(오동일 작곡). '장미의 계절'(강창식 작곡)
2. 서정가곡 제7집(2013. 12.) 20선 : '가을시첩'(오동일 작곡). '한계령'(김혜선 작곡).
3. 신작서정가곡 제3집(2013. 12.) : '사모곡'-'국향같이'(오동일 작곡) '성불사'(임수철 작곡). '죽계구곡'(김현옥 작곡). '홍도'(김혜선 작곡).

■ **이메일** gomi9712@korea.com

소백 아리랑

-思母曲 연작시-

인쇄일 2024년 10월 28일
발행일 2024년 11월 5일

펴낸이 박성철
TEL. 010-3823-5396

펴낸곳 도서출판 느티나무
경상북도 영주시 지천로 183 (2층)
TEL. 054) 633-5885 FAX. 054) 633-5886

값 10,000원

ISBN 978-89-98991-85-2